ANALYSE SOMMAIRE

D'UN OUVRAGE

DE LA SOUVERAINETÉ

ET

DE L'INDÉPENDANCE DES ROIS.

Que M. CHAS se propose de publier (1).

M. C H A's examine, dans son ouvrage *de la Souveraineté et de l'Indépendance des Rois,* les questions les plus importantes du contrat-social; il a puisé, dans des sources les plus pures, la vérité, et les avantages des principes sur les droits des souverains; il a consulté ces historiens philosophes qui ont écrit sur la grandeur et la décadence des empires; il s'est environné des lumières et de l'autorité des publicistes anciens et modernes, qui ont étudié et approfondi la science de la politique, et l'art de la législation.

L'auteur prouve que les droits de la souveraineté, soit dans les monarchies absolues, soit dans

---

(1) Le manuscrit est déposé chez M. Lottin, imprimeur.

I

les monarchies représentatives , appartient au Roi, le représentant héréditaire de la nation dans toute leur plénitude, sans division et sans partage. Quoique M. Chas soit convaincu de cette vérité primitive, établie et développée dans son ouvrage, que la Royauté est d'institution divine, il veut bien admettre cette hypothèse, qu'avant l'institution et l'organisation des sociétés politiques, la souveraineté appartenait à tous les membres de l'association générale. L'universalité de la nation a transmis cette souveraineté à un chef qu'elle a nommé et choisi pour la gouverner; elle ne peut point révoquer cet acte de transmission, ni reprendre son titre primitif et ses droits anciens de souveraineté, sans violer la foi des traités, et sans ouvrir les sources des dissensions intestines. L'auteur combat cette assertion de Rousseau qui prétend que le peuple ne peut aliéner ses droits de souveraineté.

L'auteur prouve qu'un centre unique du pouvoir souverain est nécessaire pour donner à tous les ressorts de la machine politique, un mouvement régulier et uniforme, et pour imprimer aux lois un caractère de force et de stabilité que commandent l'amour et le respect; dans chaque espèce de gouvernement , l'autorité souveraine ne peut être divisée. Deux pouvoirs rivaux seront sans cesse armés l'un contre l'autre ; ils ne peuvent exister que pendant le temps nécessaire à la déstruction du plus faible ; s'ils sont de force égale, leur combat perpétuel anéantira le corps politique. Il ne peut y avoir qu'un centre unique ; chaque exercice des différens pouvoirs doit partir immédiatement de sa source, et y revenir continuellement. Tout pouvoir tend à l'unité par un ascendant invincible : sans cette unité il ne peut y avoir de gouvernement, puisque l'anarchie n'est que la destruction de cette unité. On développe cette vérité avec quelque étendue.

L'auteur s'attache particulièrement à démontrer que le systême de la divisibilité du pouvoir souverain, adopté par les anciens législateurs et défendu par plusieurs publicistes, a produit les guerres et les malheurs des nations ; il examine les quatre constitutions qui ont régi la France : dans la première, l'assemblée constituante voulut exercer toute l'étendue de l'autorité souveraine ; elle rendit la puissance exécutrice sans force et sans dignité. Ses droits et ses prérogatives furent illusoires ; on la dépouilla de tous les moyens nécessaires pour faire respecter ses ordres et exécuter les lois ; on la mit hors de la souveraineté et de la législation. Cette assemblée constituante, dont la France et les générations ne cesseront de reprocher les, erreurs et les crimes politiques, sappa les fondemens de l'autel et du trône, et planta l'arbre empoisonné de la république. Elle ébranla ces fondemens antiques sur lesquels reposait, depuis quatorze siècles, la monarchie française, et dépouilla le clergé gallican de ses propriétés aussi sacrées, et aussi légitimes que celles des autres membres de la société, propriétés inviolables, consacrées par l'ancienneté des siècles, par les décrets des conciles, par les brefs des souverains pontifes, par les ordonnances de nos Rois, par les arrêts des différens parlemens du royaume, par les décisions des plus célèbres canonistes, et par l'autorité des jurisconsultes et des publicistes. Un peuple sans Roi et sans religion devait donner le spectacle affligeant de la révolte et de la corruption. Voilà cette assemblée constituante dont un prélat nommé par Bonaparte, plus occupé de l'amour de la célébrité que des intérêts de la patrie et de la religion, plus savant dans l'art du calcul que dans la science de la politique, a osé faire un éloge pompeux et mensonger, dans un ouvrage dicté par le désir d'une vaine gloire, et par un esprit encore infecté des maximes révolutionnaires. Ce n'est point ici un ministre des autels qui enseigne les vérités saintes de l'évangile et lès préceptes de la morale chrétienne ; c'est un sophiste politique qui justifie les erreurs d'un usurpateur, et proclame cette doctrine philosophique d'erreur et de rebellion, qui a égaré les esprits et perverti les consciences.

Dans la seconde constitution, toutes les classes des citoyens, toutes les corporations, tous les districts, tous les départemens, toutes les municipalités, toutes les sociétés populaires exerçaient les droits de la souveraineté. Cette olygarchique et infernale constitution organisa l'anarchie, légalisa l'insurrection, sanctionna la tyrannie et l'usurpation. Sur les ruines de l'autel et du trône s'élevèrent l'athéisme et tous les blasphêmes de l'impiété. Sous ce règne des démons de la terre, on ne vit que des oppresseurs et des opprimés, des victimes et des bourreaux, des esclaves abrutis et des tyrans féroces. Dans la troisième constitution, la puissance souveraine était exercée par un corps législatif divisé en conseil des cinq cens et en conseil des anciens. Le pouvoir exécutif fut confié à cinq directeurs ; on vit alors une lutte scandaleuse entre le corps législatif et le directoire. Le gouvernement était sans force, sans justice, sans morale, toujours prêt à combattre un parti par un autre, à élever une faction sur les débris d'une autre. On voyait des législateurs inquiets, ombrageux, toujours prêts à semer les méfiances et les soupçons, épouvantant tous les esprits, comprimant tous les cœurs par leurs décrets révolutionnaires, et par leurs listes de *proscription*. Les départemens étaient en proie à la guerre civile ; partout des administrations faibles, incertaines, sans unité de principes et d'action, sans uniformité de mesures ; point d'énergie dans le commandement, point de ponctualité dans l'exécution ; une police impuissante et des tribunaux sans justice. Les opérations de ce gouvernement aristocratique rendaient l'action des lois lente et difficile : il était, pour ainsi dire, étranger à la législation. Sa dépendance, contre laquelle il s'irritait devait nécessairement produire les passions de l'amour-propre, les mouvemens de l'orgueil et l'activité de la haine. Cette polygarchie renfermait un germe empoisonné qui devait nécessairement hâter la chute de cette constitution anarchique, proclamée par des hommes qui, les uns, avaient voté récemment la mort du plus sage, du meilleur de tous les Rois, et les autres, par un aveuglement inconcevable, l'avaient déclaré coupable de conspiration contre la liberté publique, et d'attentat contre la sureté générale.

La quatrième constitution viola les lois fondamentales de l'État, et l'ordre de la succession à la couronne. Le trône n'était point vacant ; il appartenait aux héritiers de S.-Louis et de Henri IV : le sénat ni la nation n'avaient le droit de le donner à Bonaparte ; le peuple ne peut changer ni modifier la constitution de l'Etat, sans la sanction de son représentant héréditaire. Ce droit de souveraineté n'appartient qu'au Roi comme exerçant le pouvoir constituant. C'était ici un scandale politique, une usurpation sacrilége de la souveraineté, contraire aux lois éternelles de la justice et aux droits sacrés des Rois chargés de protéger et de défendre les prérogatives des dynasties légitimes, et de punir les usurpateurs des trônes. Mais enfin tout est rentré dans cet ordre social consacré par l'ancienneté des siècles, et Louis XVIII est monté sur le trône de ses pères, aux cris de l'allégresse publique. Le ciel et la terre ont applaudi à cette heureuse restauration. Elle a réconcilié les puissances de l'Europe avec la France ; et cette horde d'assassins armés pour renverser les trônes, égorger les Rois, et donner les fers de l'esclavage à tous les peuples, errent dans des contrées étrangères, traînant après eux leurs infamies et leurs remords, couverts de l'opprobre et du mépris de toutes les nations.

L'auteur prouve les avantages de la perpétuité et de l'hérédité du pouvoir souverain. Il examine

les différens gouvernemens qui régissent l'Europe. Il démontre que le gouvernement monar-
chique est le plus ancien, le plus sage et le
meilleur de tous les gouvernemens. Il convient à
tous les peuples et à tous les Etats : cette vérité
qui est développée dans l'ouvrage, a été méconnue
ou ignorée, parce qu'on a cru qu'un même gouvernement ne peut pas régir des nations distin-
guées par des climats, des mœurs, des habitudes
de caractères et des besoins divers. C'est ici une
grande erreur; on distingue, dans une constitution, les lois fondamentales et les lois positives
ou d'administration générale. Les premières ins-
tituent les pouvoirs et la forme du gouvernement :
elles sont de tous les siècles et de toutes les générations, puisqu'elles sont instituées pour l'intérêt,
la liberté et le bonheur des peuples. Ces bases,
qui doivent affermir l'édifice social, sont immortelles, elles ne sont point soumises aux variations
et à l'inconstance humaine; elles doivent exister
partout où il y a des sociétés politiques. Leur
force et leur efficacité ont une heureuse influence
sur tous les peuples et sur tous les gouvernemens.
C'est l'astre du jour qui féconde, anime et ferti-
lise la nature. Semblables à ces plantes étrangères
qui croissent et prospèrent dans tous les climats
où l'art sait les entourer des principes et des soins

de la fécondation, les lois fondamentales se natu-
ralisent chez tous les peuples, dès que le génie du
législateur en surveille l'exécution, et sait leur faire
obéir avec sagesse. Les lois positives ou d'administration peuvent varier, parce qu'il faut les
appliquer au génie, aux caractères et aux usages
des diverses nations. Des circonstances éven-
tuelles en nécessitent souvent le changement :
l'administration varie dans ses principes, parce
qu'elle régit les choses, et que les choses sont
variables à l'infini, par l'aggrandissement du terri-
toire, le luxe, la fondation de colonies, etc.

L'auteur prouve que le gouvernement absolu
n'est point le despotisme : dans ce gouvernement,
le Monarque exerce le pouvoir législatif et la
puissance exécutrice dans toute leur plénitude ;
mais il gouverne par des lois constitutives ou
fondamentales. Il réunit la pensée qui conçoit,
l'ame qui dirige, la volonté qui exécute ; dans
l'exercice de son autorité, il institue et proclame
les lois positives et les règlemens administratifs.
Il ne peut changer de son propre mouvement et
par sa propre volonté les lois fondamentales de
l'Etat ; mais il en est, à la vérité, le dépositaire,
le gardien, le conservateur et le sujet. Il ne
peut donc exercer aucun despotisme, puisqu'il
est soumis par son serment à obéir et à défendre

ces lois fondamentales qui fixent les droits de son autorité, limitent sa puissance et prescrivent ses devoirs. Si le monarque réunit les deux pouvoirs, c'est que la nation a jugé que leur exercice pouvait contribuer à son bonheur, à la gloire et à la stabilité de l'empire. On craint que, dans un gouvernement absolu, le Monarque abuse de son autorité; mais ce pouvoir absolu est réglé par les lois constitutives qui s'opposent à la tyrannie et à l'oppression. On l'appelle absolu, parce qu'il peut contraindre à l'obéissance tous les membres du corps social, et qu'aucun membre ne peut exercer sur lui la même force. Il ne détruit point la liberté des sujets, parce que cette liberté est une loi fondamentale de l'Etat. Sous le pouvoir absolu, la propriété des biens demeure inviolable, parce qu'elle est garantie par les lois. Il ne dispose pas de la vie des hommes; les tribunaux sont placés entre le trône et les sujets. Il conserve et défend le pacte social qui assure la liberté publique et l'inviolabilité des propriétés et de l'industrie de tous les citoyens. Ce n'est point, dans un siècle éclairé par les progrès de la raison et par les lumières de la philosophie, que les Rois absolus de l'Europe exerceront le despotisme et opprimeront leurs peuples. Tout est changé dans les principes des gouvernemens.

Les Rois comprennent aujourd'hui cette vérité éternelle que leur autorité est fondée sur les maximes de la justice, de la morale et de la religion ; que leur trône ne peut être affermi que sur l'amour des peuples, et que si l'on porte atteinte aux lois fondamentales qui font la force et la stabilité du gouvernement, on lui donne la mort : ils savent concilier les droits de la souveraineté avec la liberté publique, et, en défendant les prérogatives du trône, ils travaillent au bonheur de leurs sujets.

En France, le Roi, par l'ancienne constitution de l'Etat, exerçait le pouvoir législatif et la puissance exécutrice, sans partage et sans division. Mais il avait pour obstacle, dans l'exercice de son autorité absolue, et l'opinion publique, et l'empire des mœurs, et les oppositions des parlemens, et les résistances éclairées des administrations provinciales. La loi naturelle et la religion y mettaient de nouvelles barrières, en disant : « Rois, pratiquez la justice et la clémence pour affermir votre souveraineté et pour obtenir l'obéissance, l'amour, et le respect de vos sujets ». Ce gouvernement absolu a rendu la monarchie française florissante pendant quatorze siècles, et aucune nation de l'Europe n'a été plus libre et plus heureuse que la nation française sous les règnes brillans et fortunés de Louis XIV et de Louis XV : celui de Louis XVI, le modèle des Rois et l'image vivante de toutes les vertus, nous promettait la même félicité. Ce Prince était né pour élever son peuple au plus haut degré de grandeur, de prospérité et de bonheur. Cette ancienne constitution a été l'objet des éloges et de l'admiration du grand Bossuet et de tous ces savans publicistes qui ont reconnu les avantages et la nécessité de cette liaison intime et de ces rapports précieux qui doivent réunir la morale et la religion au système politique des gouvernemens.

Quelques Rois de France ont pu modifier l'exercice du pouvoir souverain suivant la différence des temps. Louis XVIII a cru *apprécier les effets des progrès toujours croissant des lumières, les rapports nouveaux que ces progrès ont introduits dans la société depuis un demi-siècle, et les graves altérations qui ont été faites.* Le Roi a vu ce travail de l'esprit humain. Il n'a voulu ni le contredire, ni l'arrêter. Il a vu dans cette marche progressive un mouvement et un principe de force irrésistible ; long-temps renfermé dans la retraite et le silence où s'alimentent les ames grandes et fortes, Louis XVIII a étudié l'histoire des peuples, la théorie de leurs constitutions, leurs usages, leurs mœurs, leurs caractères. Il a approfondi les principes élémentaires de cette science difficile et profonde qui apprend à constituer avec sagesse les sociétés politiques, et à gouverner avec justice. Il a interrogé les sages de tous les siècles. Le génie du législateur aime à préparer, dans le calme et la méditation, les travaux de la régénération publique. Les belles conceptions se forment et se développent lorsque la nature est tranquille et qu'elle présente le spectacle paisible de la magnificence et de la grandeur ; alors le législateur s'élève à une hauteur surnaturelle ; il va dérober comme Prométhée le feu sacré de la Divinité.

Louis XVIII a cédé à un vœu général ; il a partagé l'exercice de la puissance législative, et en a confié une portion à la noblesse et aux députés des départemens ; mais il n'a cédé aucun droit de sa souveraineté, il la conserve dans toute sa plénitude et dans toute son intégrité ; il ne faut point confondre la souveraineté avec le pouvoir législatif : le Roi a préféré la tranquillité publique à l'exercice du pouvoir absolu. Ce sacrifice attestera à jamais cette grandeur et cette générosité d'ame, si rares dans l'histoire des Rois ; mais n'oublions jamais que cette concession extraordinaire est un bienfait et un don : le peuple n'avait aucun droit de la demander, ni à l'obtenir; il ne pouvait lui-même fixer des bornes à l'autorité royale, ni changer l'ancienne constitution de l'Etat qui donnait aux Rois la plénitude du pouvoir législatif et de la puissance exécutrice.

Après ces réflexions, que l'auteur ne donne ici qu'en substance, il examine les différens articles de la charte constitutionnelle; il en démontre la sagesse; il prouve ensuite l'utilité et les avantages du gouvernement représentatif. Il ne faut point confondre ce gouvernement avec le gouvernement mixte. Les publicistes les ont réunis ensemble, et n'en font qu'une même espèce : cette confusion les a conduits à de grandes erreurs. Le gouvernement représentatif est celui où existe l'égalité dans la représentation nationale. Les députés au corps législatif sont élus par des colléges électoraux dont le Roi nomme le président. Ils n'ont point l'initiative des lois; leurs fonctions se bornent à approuver ou à rejeter les projets de lois proposées par le Roi. Ils peuvent bien y faire des amendemens pour les améliorer ou les perfectionner; mais, si ces amendemens tendent à usurper l'initiative qui n'appartient qu'au Roi seul, alors la charte et les prérogatives royales sont violées, et ces amendemens ne sauraient obtenir la sanction du Roi. Tel est le gouvernement qui régit aujourd'hui la France.

Plusieurs personnes redoutent que la théorie des amendemens ne devienne un jour une source de division entre le gouvernement et le corps législatif. On ne peut se dissimuler une triste vérité ; depuis l'institution des corps législatifs, la France a éprouvé tous les maux de l'anarchie. Le peuple français a perdu ses vertus antiques. Il n'a plus cette douceur dans les mœurs, cette aménité dans les manières, ni cette gaité dans le caractère, qui lui obtenaient l'estime et l'amitié des nations étrangères : *comment l'or pur s'est-il chargé en un vil plomb ?* Il est devenu inquiet, factieux et méchant. Mais consolons-nous, Louis XVIII, par ses institutions sociales et par une administration de justice, de clémence et de bonté, opérera un nouvel ordre de choses plus heureux et plus consolant. Il rappellera son peuple à ses mœurs antiques. Tout changera ; la France régénérée, la monarchie replacée sur ses antiques fondemens, les malheurs et les crimes de la révolution ramèneront tous les esprits, tous les cœurs et tous les sentimens à l'union et à la confiance. Les vertus et le génie du Roi ouvriront les sources de la félicité publique. Le corps législatif ne consultera que son zèle à défendre les prérogatives royales et les libertés nationales. Il éclairera le gouvernement sans le combattre, et le secondera dans ses projets de régénération publique. Sans doute les députés actuels des départemens ont été animés de l'amour public : ils ont défendu la cause sacrée des mœurs, de la morale et de la religion ; comme législateurs, comme citoyens, comme propriétaires, ils doivent et ils sont intéressés à le réunir au gouvernement pour maintenir l'ordre social, réprimer les factions, assurer la tranquillité publique, et graver dans le cœur du peuple ce sentiment d'amour, de reconnaissance et de respect qu'il doit à un souverain, dont la sollicitude paternelle s'étend sur les besoins et sur tout ce qui peut contribuer à son bonheur. Si leurs délibérations ont été quelquefois orageuses, si leurs discussions ont affligé les véritables amis de la paix et des lois, gardons-nous de soupçonner la pureté de leurs intentions, et ne voyons dans cette diversité d'opinions et de principes que le désir d'arriver par des voies différentes à un seul but général, celui d'opérer la félicité publique. Ils se réuniront par un heureux concert pour maintenir cette douce harmonie qui doit exister entre le gouvernement et le corps législatif. Cette harmonie est nécessaire pour cicatriser les plaies profondes de l'Etat, pour affermir sur des bases inébranlables la paix et l'union, et pour replacer le peuple français au rang de la première nation de l'univers, qu'il avait déjà occupé par sa valeur, son génie, son industrie, ses institutions et sa situation géographique. Le corps législatif mettra au rang de son premier devoir celui de veiller à la défense et à la conservation des prérogatives royales, et de ne point souffrir qu'on porte atteinte aux droits de la souveraineté dont la violation entraînerait la ruine de l'Etat.

Le gouvernement mixte est celui où les députés au corps législatif sont élus par le peuple dans ses assemblées primaires, et où ils ont l'initiative des lois. Alors ils partagent l'exercice de la souveraineté comme les représentans de la nation. Le gouvernement représentatif tend à l'affermissement du pouvoir royal, lorsque les députés au corps législatif se renferment dans leurs limites constitutionnelles. Le gouvernement mixte tend visiblement à la démocratie : en Angleterre, on ne cesse de parler de la souveraineté du peuple, et des avantages des sociétés populaires ; en France, on ne parle plus de cette souveraineté du

2

peuple, depuis qu'on a reconnu ce principe incontestable, que la nation ne peut plus jouir de ce pouvoir souverain, puisqu'elle l'a transmis à son représentant héréditaire. En Angleterre, le Roi ne peut ni changer, ni modifier les lois fondamentales de l'Etat, sans la sanction de la chambre des pairs et de la chambre des communes : le Parlement Britannique partage avec le Roi l'exercice du pouvoir constituant. En France, le Roi exerce ce pouvoir constituant sans le concours du corps législatif. Il peut retrancher, ajouter, changer la charte sans sa sanction : on ne prétend parler ici que du droit en général, sans examiner si le Roi pourrait intervertir l'ordre constitutionnel sans danger et sans obstacle.

Quelques publicistes ont exalté les avantages du gouvernement mixte ; ils ont cru voir dans le partage et la divisibilité de la souveraineté, un moyen puissant pour maintenir et contrebalancer le pouvoir du Roi et du parlement, et pour les fixer dans un juste équilibre. Rien ne paraît plus beau dans la théorie que ce partage de la puissance souveraine ; et rien ne serait plus utile dans la pratique, si l'on pouvait en conserver l'harmonie ; mais ce partage de la souveraineté, loin de former une juste balance, a produit souvent un combat perpétuel, jusqu'à ce que l'une de ces puissances, ayant abattu l'autre, le peuple devienne esclave, et que l'Etat soit livré à l'anarchie.

S'il existe parmi les ouvrages des hommes une constitution politique propre à rendre un peuple libre et heureux, on devrait trouver ce double bienfait dans un gouvernement qui réunit, balance et tempère tous les autres gouvernemens ; mais il n'est point de constitution sociale, que les passions humaines ne viennent à bout d'altérer et de corrompre : elles parviennent, comme les eaux, à détruire les monumens les plus solides. Peut-être trouvera-t-on que ce gouvernement est sujet tout à-la-fois aux dangers et aux inconvéniens des trois formes qu'il régit.

. Dans un gouvernement mixte, il ne peut y avoir, ni union, ni concorde ; la souveraineté divisée doit nécessairement produire des soupçons, et des méfiances entre le pouvoir législatif et la puissance exécutrice. La marche des autres autorités est toujours lente ; celle du corps législatif est toujours rapide. Le renversement des lois est difficile à la puissance exécutrice ; le pouvoir législatif peut l'opérer dans un moment. Dans ce gouvernement mixte, on conserve un esprit républicain qui tend toujours à la révolte et à l'indépendance ; on y recule toujours les limites de la liberté, jusqu'à ce que l'on parvienne à la licence et à l'anarchie ; tant il est vrai que toutes ces institutions qui tiennent des démocraties sont des semences de troubles qui fermentent comme des matières combustibles dans les entrailles d'un volcan.

L'auteur examine la constitution anglaise ; elle est un mélange de monarchie, d'aristocratie et de démocratie. Montesquieu et de Lorme s'en sont déclarés les apologistes et les admirateurs : leur génie qui se fit illusion, a subjugué quelques publicistes ; mais aucun d'eux ne paraît l'avoir analysée avec cet examen profond et cette précision réfléchie, si nécessaires pour parvenir à la connaissance des véritables principes qui doivent présider à l'institution des sociétés politiques. Puffendorf, Hume, Filiangery en ont démontré les imperfections ; M. Chas ajoute quelques observations aux réflexions de ces trois publicistes.

L'auteur combat l'assertion de Rousseau, qui prétend que la souveraineté est concentrée dans la puissance législative, et que le pouvoir exécutif n'y participe point : il démontre les vices des gouvernemens aristocratiques et démocratiques. Il prouve que la démocratie ne convient ni aux grands, ni aux petits états. Les principes fondamentaux qui doivent régir les empires, et les nations, sont applicables à tous les siècles, à tous les états, à tous les gouvernemens. Les petits états, comme les grands, renferment un germe de division et de désordre ; partout la multitude a les mêmes passions, et, partout il existe des factieux : les funestes effets de la licence et de l'anarchie ne sont pas si marqués et si étendus dans les petites sociétés, mais ils y produisent les mêmes maux.

L'auteur examine la question importante sur la meilleure forme du gouvernement qui convient à un peuple. Plusieurs publicistes ont en vain épuisé les efforts de leur génie sur cette matière. Ce grand problême politique est bien facile à résoudre ; il faut d'abord poser en principe que la perfection est un point où les institutions humaines ne parviendront jamais ; elles portent toutes un principe de destruction et de mort ; tout tend à sa dissolution : les empires s'écroulent, les générations passent, les trônes tombent avec fracas ; la nature s'agite et semble se précipiter vers le néant. Des vastes abîmes, de lugubres tombeaux s'élèvent sur les débris des cités, et ces régions jadis éclairées par les lumières des sciences, et des arts, ne sont aujourd'hui peuplées que des esclaves abrutis par l'ignorance et dégradés par la superstition. Le plus parfait des gouvernemens est celui où les pouvoirs institués sont renfermés dans les limites de la constitution qui régit l'état, où le peuple est heureux, libre et tranquille sous les lois qu'il respecte, et où chacun remplit les devoirs qui lui sont imposés par la religion et par l'état.

L'influence d'un gouvernement sur la félicité publique donne l'idée exacte de son excellence ou de ses vices. Si une nation est tranquille, alors elle est libre; si elle est livrée à l'esprit de faction, alors elle est esclave. Lorsque les regards d'un observateur se portent sur une contrée de la terre et sur ses habitans, il examine si les campagnes sont riches de culture, si la gaité et la joie se mêlent aux occupations des champs, si le contentement accompagne les travaux dans les cités, si le gouvernement est chéri, si les magistrats sont respectés, si les contributions sont payées sans murmure, si les mœurs repoussent une licence dangereuse, si la justice et la police assurent la tranquillité, les propriétés, la liberté; si les citoyens sont unis par les liens de la confiance et de la concorde; alors il proclame l'excellence du gouvernement; il ne va pas disserter sur sa forme et ses élémens. Mais si ce peuple, dont il étudie la situation et les

mœurs, est inquiet sur son existence politique,
s'il veut s'immiscer dans les opérations et le
système du gouvernement et discuter sur les
droits de la souveraineté, s'il oublie ses devoirs,
s'il néglige l'agriculture, s'il n'obéit qu'à regret
aux lois, s'il ne voit point dans l'institution de la
royauté un principe divin, et dans son souverain
l'image de Dieu; si les mœurs présentent le tableau
effrayant de l'égoïsme et de l'immoralité, il re-
doute ce gouvernement, il plaint ce peuple mal-
heureux, et il prévoit le temps où, de l'anarchie
et de la corruption, il passera à l'esclavage.

Après avoir parlé de la nature et de l'essence
de la souveraineté, M. Chas examine ses droits
et ses attributs. Ils sont communs aux monarchies
absolues et aux monarchies représentatives : le
Monarque, dans le gouvernement représentatif,
exerce seul la plénitude de la souveraineté ,
comme le représentant héréditaire de la nation ;
comme pouvoir constituant, et comme pouvoir
administrateur, il est législateur et exécuteur
suprême des lois ; il met en activité toutes les
parties de la constitution : c'est lui qui propose
les lois à la sanction du corps législatif ; fait des
règlemens, publie des ordonnances sur les différens objets de l'administration publique, crée
des institutions sociales, et nobiliaires, com-

mande les armées, déclare la guerre, fait la paix, conclut les traités de commerce et d'alliance, nomme à tous les emplois civils, militaires et religieux. Il est le gardien du trésor public et le tuteur des propriétés; c'est en son nom que les lois sont proclamées, et que la justice est rendue dans les tribunaux; son effigie est gravée sur les monnaies; il peut proroger et dissoudre le corps législatif; il a le droit de faire grâce et de commuer les peines; tous les citoyens sont ses sujets, et lui doivent respect et obéissance; son autorité est de droit divin, sa personne est sacrée et inviolable; il n'a au-dessus de lui que Dieu et la Loi. M. Chas examine avec quelque étendue tous ces différens droits de la souveraineté, et il en démontre la sagesse et les avantages.

Le Monarque souverain a un droit d'inspection, de surveillance et de jurisdiction temporelle sur la religion de l'Etat, sur ses ministres, sur le culte public, et sur la discipline ecclésiastique; sans doute il ne peut exercer aucune jurisdiction sur les dogmes religieux, ni changer les rites et les cérémonies de l'église; ni porter atteinte aux droits de la puissance ecclésiastique et du Saint-Siége; parce qu'ils viennent de Dieu, et qu'ils sont les fondemens de cet édifice religieux contre lequel *les portes de l'enfer ne prévaudront jamais.* Il doit respecter le souverain pontife comme le vicaire de Jésus-Christ, le représentant de la Divinité, le chef de l'église universelle, le centre de l'unité, et lui obéir dans l'ordre du salut; il peut tolérer toutes les religions, et protéger tous les cultes : la religion permet souvent ce que la politique conseille.

M. Chas prouve que la puissance des Rois est indépendante de la puissance ecclésiastique : il établit que leur personne est sacrée et inviolable, et que la royauté est d'institution divine. L'auteur développe ces vérités fondamentales de la religion et de l'ordre social.

Après avoir parlé des droits et des prérogatives des souverains, M. Chas examine les devoirs que la royauté et la religion leur imposent : les droits et les devoirs des souverains se correspondent mutuellement; c'est une chaîne dont les anneaux ne peuvent ni se rompre, ni se diviser. Les devoirs des souverains affermiront leurs droits et leur donneront un nouveau caractère de force et de vérité, et attacheront les peuples par des liens plus forts à l'amour et à l'obéissance des lois. La justice des Rois fera naître dans leurs sujets de nouveaux motifs de confiance, d'amour, de vénération et de reconnaissance. C'est sur cette base sacrée que reposent la stabilité des trônes, l'ordre public, l'harmonie sociale, la prospérité des états, la liberté et le bonheur des empires.

Les Rois établiront un gouvernement ferme et vigoureux ; ils sauront que sous un gouvernement faible, l'inquiétude règne dans toutes les parties de l'administration publique. Un Roi faible devient le jouet, et l'instrument des passions et des caprices de tous ceux qui l'entourent ; alors son sceptre doit se briser entre ses mains ; ses vertus privées lui seront inutiles ou dangereuses ; elles serviront même à hâter cette terrible révolution. L'immortel auteur de Télémaque dépeint Minos plus inexorable envers les souverains faibles qu'envers les monarque méchans, parce qu'un monarque méchant n'a que ses propres vices, au lieu qu'un monarque faible partage tous les vices de sa cour.

Les Rois réuniront au gouvernement, à la politique et à la législation, les préceptes de l'Evangile et les maximes de la morale chrétienne. M. Chas démontre la nécessité, la vérité et les bienfaits de la religion ; il prouve par les monumens historiques que le mépris, l'oubli ou la perte des principes religieux ont produit l'anarchie des sociétés, les crimes des révolutions et l'esclavage des peuples.

Les Rois épureront les mœurs publiques par de bonnes lois, et par des institutions salutaires ; ils s'occuperont de l'instruction publique, étendront le domaine des connaissances humaines, encourageront les progrès des sciences et des arts, fixeront leur attention sur l'agriculture, le commerce, la marine, les colonies ; et dans leur administration financière, ils adopteront ce principe conservateur qui consiste à régler définitivement le passé, à assurer le présent et à disposer par prévoyance de l'avenir. Telle est cette triple combinaison de ce dogme administratif sur laquelle repose l'ordre public. Ils réuniront leurs forces militaires pour défendre la liberté des mers et faire respecter l'indépendance de leurs pavillons ; ils institueront un Conseil d'Etat qui sera le principe et le modérateur de leurs actions ; organiseront le ministère général, y réuniront toutes les diverses parties de l'administration publique, et donneront à leurs peuples un code civil destiné à établir les droits des citoyens, et à fonder la félicité publique sur des bases immortelles. Les Rois règneront par la justice et se feront aimer par leur bienfaits. La justice est cette vertu publique qui assure le bonheur des peuples, et la durée des empires ; sans la justice, les états périssent, les princes tremblent sur leurs trônes, et les nations se dégradent. La justice est une émanation de la Divinité ; elle est de tous les temps et de tous les lieux, et ne varie point au gré des révolutions politiques : elle est immortelle comme son auteur.

Les Souverains adopteront dans leur législation politique et dans leurs actes diplomatiques, des principes de justice, de sagesse et de morale ; ils ne feront point de guerres injustes, et n'étendront pas les frontières de leurs états par des conquêtes ; épuisent le sang et les trésors des peuples : la guerre est la plus grande plaie des empires, elle substitue à tous les sentimens doux et bienfaisans, le besoin d'opprimer et l'ardeur de détruire. Les Rois récompenseront les guerriers qui ont combattu pour l'état, et assureront aux braves soldats qui ont versé leur sang pour la patrie une ressource contre l'indigence, et la misère. Ils institueront dans leurs armées une discipline sévère ; ils se rappelleront que ce sont des corps essentiellement obéissans qui doivent être étrangers à tous les actes de l'administration ; que lorsque des soldats veulent se mettre au-dessus des citoyens, leurs chefs ne tardent pas à se mettre au-dessus des magistrats ; que la force alórs est substituée à la loi , et la volonté de l'armée à l'action du gouvernement.

Les Souverains n'imiteront pas ces sombres despotes qui, renfermés dans l'ombre de leurs palais, se dérobent aux regards de leurs peuples et n'entendent que par des organes étrangers et corrompus; ils verront tout par eux-mêmes, et profiteront de tout; ils se montreront à leurs sujets pour recevoir le témoignage de leur vénération et de leur amour; ils enchaîneront toutes les factions. Placés entre des hommes turbulens et exagérés, ils rassureront les uns par leur modération, et contiendront les autres par leur fermeté; ils réprimeront tous ceux qui voudront attaquer ou violer la constitution de l'Etat; ils sauront que la fermeté éclairée est le grand art de gouverner, que la faiblesse du caractère menace leur autorité et la renverse quelquefois; qu'une loi long-temps méditée, et un projet conçu dans le silence et la réflexion, doivent être exécutés dans toute leur plénitude; que la lenteur ou l'inexécution fait mépriser l'autorité, enhardit les séditieux et prépare ces factions qui, faibles dans leur origine, deviennent des conspirations dangereuses; ils dégageront l'administration de ces rouages, de ces léviers, de tous ces instrumens qui gênent sa marche, et rallentissent ses mouvemens. Ils consulteront ces écrivains sages qui éclairent le gouvernement avec respect, et présentent des vues utiles au bien public ; ils appelleront dans leurs conseils, des hommes instruits, et confieront les fonctions publiques à des citoyens qui réunissent les talens à la moralité ; ils puniront celui qui aura trompé leur justice et leur religion ; ils éloigneront ces flateurs et ces caméléons politiques qui veulent aller à la fortune et aux honneurs par l'intrigue et la bassesse ; ils arrêteront la licence de ces écrivains séditieux qui prostituent leurs voix, vendent leur conscience au mensonge et à la calomnie, sèment dans les esprits des idées subversives de tout ordre social, et dans les cœurs des desirs corrompus ; ils rejèteront l'espionnage, et les délations, et briseront ces honteux instrumens de la tyrannie, de la terreur et de la lâcheté ; ils auront ce noble orgueil qui fait des grandes choses, et donne ce caractère de grandeur, qui est la vertu des ames fortes ; il leur sera permis d'être quelquefois soupçonneux ; le vice se présente quelquefois avec les attraits de la vertu, et le mensonge se pare des charmes de la vérité. Cette séduction trompe souvent le génie et la sagesse des Rois ; mais cette défiance ne sera point l'ouvrage d'une politique sombre, et inquiète qui a rendu si odieux le nom et la mémoire de Tibère ; ce sera ce sentiment réfléchi qui leur donnera des notions justes sur les mœurs et le caractère des hommes, et qui leur fera découvrir leurs intentions intimes et leurs pensées secrètes à travers les replis de leurs dissimulations et les détours de leurs hypocrisies. Ils fortifieront leur caractère ; ils étendront les ressorts de leur ame ; ils se feront un héroïsme des circonstances autant que des principes. Les souverains n'oublieront jamais que les maximes des gouvernemens influent sur les mœurs des peuples, et que leurs vices punissent le gouvernement de la corruption qu'il a fait naître. Enfin les Rois pratiqueront dans leur vie privée les vertus morales de l'homme religieux ; Ils montreront les qualités aimables du bienfaiteur de l'humanité ; ils trouveront dans l'union conjugale, et dans le sein de leur famille ces douceurs et ces consolations de la vie domestique qui ont pour les ames saines un charme que les cœurs corrompus ne peuvent connaître ; c'est dans la pratique de ces devoirs et dans l'exercice de ces vertus que les Souverains trouveront leur gloire et leur bonheur ; ils seront témoins de la félicité de leurs peuples ; toutes les générations et tous les siècles béniront leur nom, leur mémoire, célébreront et chériront leurs vertus et leurs bienfaits. Dieu leur accordera cette palme de gloire et d'immortalité qu'il réserve à ces Rois qui auront rempli les devoirs que la royauté et la religion leur imposent.

Les devoirs des Rois sont immenses; on n'en présente dans cette *Analyse sommaire*, qu'un abrégé rapide et succinct. L'ouvrage de M. Chas explique et développe ces devoirs si importans et si essentiels à la gloire des Souverains et au bonheur des peuples.

L'auteur n'a eu d'autre intention et d'autres vues, en publiant l'Analyse sommaire de son ouvrage, que de profiter avec reconnaissance des observations d'une critique sage, éclairée, et des conseils de ces publicistes qui ont écrit et médité sur ces principes de politique et de législation sur lesquels sont fondés la stabilité des empires et le bonheur des nations. Il promet de ne point publier son ouvrage, si on lui prouve qu'il renferme des vérités inutiles, ou des erreurs dangereuses.

LOTTIN de S.-Germain, Imprimeur du ROI (1816).